www.ingramcontent.com/pod-product-compliance
Lightning Source LLC
Chambersburg PA
CBHW070438180526
45158CB00019B/1597
* 9 7 8 1 0 7 8 0 1 8 6 5 4 *